Mironton Mironton Mirontaine
BIBLIOTHÈQUE
et
MAGASIN D'ÉDUCATION
ET DE RECRÉATION
Edit. J. Hetzel
Paris — 18.. Jacob

MALBROUGH

Elle aperçoit son page...

Malbrough s'en va-t-en guerre,
Mironton, mironton, mirontaine;
Malbrough s'en va-t-en guerre,
Ne sait quand reviendra. *(ter)*

Il reviendra z-à Pâques,
Mironton, mironton, mirontaine;
Il reviendra z-à Pâques
Ou à la Trinité. *(ter)*

La Trinité se passe,
Mironton, mironton, mirontaine;
La Trinité se passe,
Malbrough ne revient pas. (*ter*)

Madame à sa tour monte,
Mironton, mironton, mirontaine;
Madame à sa tour monte,
Si haut qu'ell' peut monter. (*ter*)

Elle aperçoit son page,
Mironton, mironton, mirontaine;
Elle aperçoit son page,
Tout de noir habillé. (*ter*)

Beau page, ah! mon beau page,
Mironton, mironton, mirontaine;
Beau page, ah! mon beau page,
Quell' nouvelle apportez? (*ter*)

Aux nouvell's que j'apporte,
Mironton, mironton, mirontaine;
Aux nouvell's que j'apporte,
Vos beaux yeux vont pleurer. *(ter)*

Monsieur d'Malbrough est mort,
Mironton, mironton, mirontaine;
Monsieur d'Malbrough est mort,
Est mort et enterré. *(ter)*

J'l'ai vu porter en terre,
Mironton, mironton, mirontaine;
J'l'ai vu porter en terre
Par quatre z-officiers. (*ter*)

L'un portait sa cuirasse,
Mironton, mironton, mirontaine;
L'un portait sa cuirasse,
L'autre son bouclier. (*ter*)

L'un portait son grand sabre,
Mironton, mironton, mirontaine;
L'un portait son grand sabre,
L'autre ne portait rien. (*ter*)

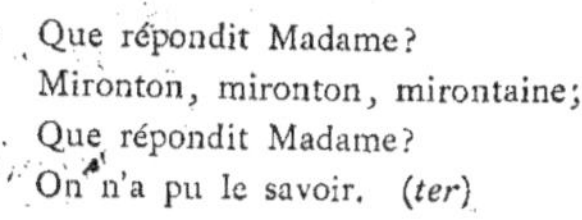

Que répondit Madame?
Mironton, mironton, mirontaine;
Que répondit Madame?
On n'a pu le savoir. (*ter*)

Malbrough pour nos défaites,   Mieux eût valu s'en taire,
Mironton, mironton, mirontaine;   Mironton, mironton, mirontaine;
Malbrough pour nos défaites   Mieux eût valu s'en taire,
Fut ainsi chansonné. (ter)   Et battre les Anglais. (ter)

FIN

Typographie de G. Fischbach, à Strasbourg.

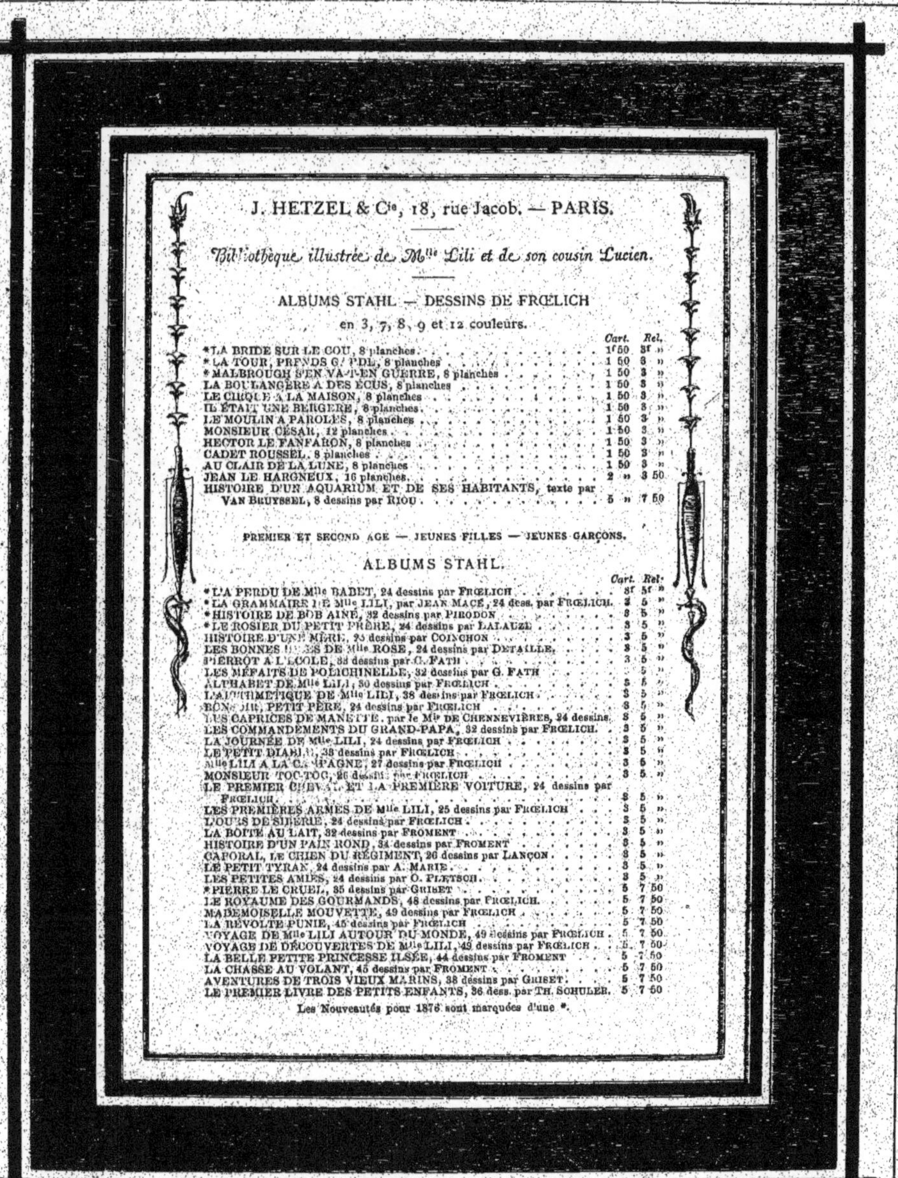

J. HETZEL & Cie, 18, rue Jacob. — PARIS.

Bibliothèque illustrée de Mlle Lili et de son cousin Lucien.

ALBUMS STAHL — DESSINS DE FRŒLICH

en 3, 7, 8, 9 et 12 couleurs.

	Cart.	Rel.
*LA BRIDE SUR LE COU, 8 planches	1f 50	3f »
*LA TOUR, PRENDS GARDE, 8 planches	1 50	3 »
*MALBROUGH S'EN VA-T-EN GUERRE, 8 planches	1 50	3 »
LA BOULANGÈRE A DES ÉCUS, 8 planches	1 50	3 »
LE CIRQUE A LA MAISON, 8 planches	1 50	3 »
IL ÉTAIT UNE BERGÈRE, 8 planches	1 50	3 »
LE MOULIN A PAROLES, 8 planches	1 50	3 »
MONSIEUR CÉSAR, 12 planches	1 50	3 »
HECTOR LE FANFARON, 8 planches	1 50	3 »
CADET ROUSSEL, 8 planches	1 50	3 »
AU CLAIR DE LA LUNE, 8 planches	1 50	3 »
JEAN LE HARGNEUX, 16 planches	2 »	3 50
HISTOIRE D'UN AQUARIUM ET DE SES HABITANTS, texte par Van Bruyssel, 8 dessins par RIOU	5 »	7 50

PREMIER ET SECOND ÂGE — JEUNES FILLES — JEUNES GARÇONS.

ALBUMS STAHL.

	Cart.	Rel.
*L'A B C DE Mlle BABET, 24 dessins par FRŒLICH	3f	5f »
*LA GRAMMAIRE DE Mlle LILI, par JEAN MACÉ, 24 dess. par FRŒLICH	3	5 »
*HISTOIRE DE BOB AÎNÉ, 32 dessins par PIRODON	3	5 »
*LE ROSIER DU PETIT FRÈRE, 24 dessins par LALAUZE	3	5 »
HISTOIRE D'UNE MÈRE, 25 dessins par COINCHON	3	5 »
LES BONNES IDÉES DE Mlle ROSE, 24 dessins par DETAILLE	3	5 »
PIERROT A L'ÉCOLE, 33 dessins par G. FATH	3	5 »
LES MÉFAITS DE POLICHINELLE, 32 dessins par G. FATH		5 »
ALPHABET DE Mlle LILI, 30 dessins par FRŒLICH	3	5 »
L'ARITHMÉTIQUE DE Mlle LILI, 38 dessins par FRŒLICH	3	5 »
BONJOUR, PETIT PÈRE, 24 dessins par FRŒLICH	3	5 »
LES CAPRICES DE MANETTE, par le Mis DE CHENNEVIÈRES, 24 dessins	3	5 »
LES COMMANDEMENTS DU GRAND-PAPA, 32 dessins par FRŒLICH	3	5 »
LA JOURNÉE DE Mlle LILI, 24 dessins par FRŒLICH	3	5 »
LE PETIT DIABLE, 38 dessins par FRŒLICH	3	5 »
Mlle LILI A LA CAMPAGNE, 27 dessins par FRŒLICH	3	5 »
MONSIEUR TOC-TOC, 26 dessins par FRŒLICH	3	5 »
LE PREMIER CHEVAL ET LA PREMIÈRE VOITURE, 24 dessins par FRŒLICH	3	5 »
LES PREMIÈRES ARMES DE Mlle LILI, 25 dessins par FRŒLICH	3	5 »
L'OURS DE SIBÉRIE, 24 dessins par FRŒLICH	3	5 »
LA BOÎTE AU LAIT, 32 dessins par FROMENT	3	5 »
HISTOIRE D'UN PAIN ROND, 34 dessins par FROMENT	3	5 »
CAPORAL, LE CHIEN DU RÉGIMENT, 26 dessins par LANÇON	3	5 »
LE PETIT TYRAN, 24 dessins par A. MARIE	3	5 »
LES PETITES AMIES, 24 dessins par O. PLETSCH	3	5 »
*PIERRE LE CRUEL, 35 dessins par GRISET	5	7 50
LE ROYAUME DES GOURMANDS, 48 dessins par FRŒLICH	5	7 50
MADEMOISELLE MOUVETTE, 49 dessins par FRŒLICH	5	7 50
LA RÉVOLTE PUNIE, 45 dessins par FRŒLICH	5	7 50
VOYAGE DE Mlle LILI AUTOUR DU MONDE, 49 dessins par FRŒLICH	5	7 50
VOYAGE DE DÉCOUVERTES DE Mlle LILI, 49 dessins par FRŒLICH	5	7 50
LA BELLE PETITE PRINCESSE ILSÉE, 44 dessins par FROMENT	5	7 50
LA CHASSE AU VOLANT, 45 dessins par FROMENT	5	7 50
AVENTURES DE TROIS VIEUX MARINS, 38 dessins par GRISET	5	7 50
LE PREMIER LIVRE DES PETITS ENFANTS, 36 dess. par TH. SCHULER	5	7 50

Les Nouveautés pour 1876 sont marquées d'une *.

STRASBOURG, TYPOGRAPHIE DE G. FISCHBACH, SUCCr DE G. SILBERMANN. — 1882.